LE JEU DU CRESSENDO, OU LE PIÉMONTOIS;

*PAR M. DE B****, des Ponts & Chaussées.*

A PARIS,

De l'Imprimerie de J. G. CLOUSIER, rue Saint-Jacques.

1774.

AVANT-PROPOS.

IL me ſemble qu'il manque encore à nos Sociétés un Jeu qui puiſſe être joué par différens nombres de perſonnes ſans rien changer à ſon eſſence.

Nos Jeux ordinaires, à remonter d'un peu loin, ſont le Tri, qui n'admet que trois Joueurs; le Cadrille, le Médiateur, le Reverſi & le Whisk, qui ne peuvent être joués qu'à quatre. Enfin le Piquet, le plus beau de tous, & celui qui ne paſſera jamais; lequel peut, à la vérité, ſe jouer à deux, à trois, dont un fait la chouette aux deux autres, & à quatre en se mettant deux à deux, soit qu'on joue au cent, soit qu'on joue à ce qu'on appelle le Piquet à écrire; mais que l'on soit deux, trois ou quatre, il n'y a toujours que deux intérêts différens comme au Whisk; d'ailleurs ce Jeu semble n'être fait que pour un certain nombre d'hommes sérieux & graves, capables de l'attention soutenue qu'il exige pour être bien joué; les Dames qui font l'agrément le plus intéressant de nos cercles sont rarement disposées à en faire leur amusement, leur vivacité s'y oppose, il est même heureux pour nous que les Jeux qu'elles choisissent soient assez faciles pour que sans y manquer elles puiſſent converſer, nous parler, nous entendre, nous répondre, & dans le fait c'eſt réduire la choſe à ſon véritable objet; un Jeu ne doit point être une affaire de cabinet, on ne doit s'y livrer que pour s'amuſer & non s'en occuper aſſez pour que ce ſoit un travail & qu'on s'y fatigue.

Le Jeu de la Bête eſt le ſeul qui puiſſe ſe jouer à deux, à trois, à quatre & à cinq Joueurs, chacun pour leur compte perſonnel; mais ce Jeu, quoiqu'aſſez beau en lui-même, n'eſt plus admis dans les Sociétés diſtinguées par le rang & la fortune; il eſt preſque abandonné au peuple, & cela vient peut-être de ce qu'il ne préſente pas aſſez de variétés.

Le Jeu que nous préſentons ici, ſous le nom de *Creſſendo*, réunit le double avantage de n'être point difficile à jouer, & de pouvoir être joué par deux, trois, quatre & cinq perſonnes, ſuivant que la Société ſe trouvera compoſée de l'un de ces nombres ; nous nous flattons qu'il pourra plaire & amuſer par la multiplicité des évènemens & par le progrès des intérêts.

Le Piquet étant reconnu pour le mieux étendu de tous les Jeux de Cartes, & le premier d'entr'eux, par la beauté de ſes combinaiſons & par les reſſources que l'intelligence, la grande habitude & l'eſprit propre au Jeu y trouvent pour compenſer l'adverſité du hazard, nous avons cru qu'il étoit plus convenable de conſerver aux Cartes, dans le Jeu du *Creſſendo*, le même ordre qu'elles ont dans ce beau Jeu pour lequel elles ſemblent avoir été faites, au-lieu d'intervertir cet ordre comme on l'a fait ſans cauſe & ſans néceſſité dans le Jeu de Try, de Cadrille, de Médiateur, ce qui ne fait qu'augmenter la peine ſans procurer plus de plaiſir, & charge inutilement la mémoire d'un ordre contraire à celui que chaque Carte indique par ſa forme propre, ſans qu'il en réſulte le plus léger avantage & le moindre agrément de plus pour les Joueurs.

On a évité auſſi dans ce Jeu

tout ce qui peut bleſſer l'équité, on a peut-être un peu trop négligé de ſuivre cette loi dans la plupart des autres ; il nous a paru choquant, par exemple, pour ceux qui jouent au Try, au Cadrille, au Médiateur, de voir qu'un d'entr'eux ſoit admis à jouer *ſans prendre*, ce qui ne l'oblige à faire que ſix levées, tandis que d'autres Joueurs qui ſont après lui & ſur leſquels il n'a que le ſeul avantage de la primauté, perdent par-là le fruit d'un Jeu beaucoup plus beau que le ſien, ayant en main de quoi faire beaucoup plus de ſix levées, quelquefois même la volle. Cette règle établie & reçue eſt d'autant plus contraire à l'eſprit de ces Jeux, qu'il ſemble, par toutes les autres circonſtances, avoir été originairement de donner la préférence au Joueur, q i en s'engageant à faire plus, promet par cela même un plus grand bénéfice aux autres en cas qu'il perde.

Un autre défaut encore de ces Jeux eſt de fournir le moyen de priver de jouer celui qui a en main de quoi demander un Médiateur en couleur favorite, ou pour faire une volle, en profitant de la primauté ſur lui pour jouer un *ſans prendre* en petite couleur, qui coûtera moins en le perdant à celui qui le jouera que ce qu'il payeroit à l'autre pour le Médiateur en favorite ou pour la volle qu'il feroit. Jouer ainſi, étant ſûr de perdre, ſeulement pour empêcher un autre de profiter du bonheur qu'il a d'avoir reçu un Jeu d'un prix plus avantageux, eſt un procédé injuſte auquel j'ai vu des Joueurs ſe refuſer ſimplement par honnêteté, & que j'ai entendu déſapprouver ſouvent.

ENFIN au Try, comme au Cadrille & au Médiateur, on eſt dans l'uſage de ne payer que les trois premiers Matadors, quand même celui qui joue auroit toutes les premieres Triomphes de ſuite : l'Auteur du Jeu de l'Ombre avoit pris un parti plus raiſonnable, il a voulu qu'on payât à celui qui joue quand il gagne, autant de Matadors qu'il a de Triomphes, dont la ſuite n'eſt point interrompue depuis la premiere, &

qu'il les payât aussi aux autres quand il perd, l'intention du Jeu doit être que le Joueur soit traité en proportion de son bonheur ; celui que la fortune a favorisé des six premieres Triomphes doit recevoir plus que celui qui n'en a reçu d'elle que trois ou quatre ; au Jeu de Piquet, la suite des Cartes devient de plus en plus précieuse à mesure qu'elle approche du nombre qui la rend complette.

Nous avons suivi ces exemples, il est possible qu'un Joueur ait au Jeu du *Cressendo* huit Triomphes de suite à commencer par la premiere ; il suit des règles que nous avons établies, qu'on doit, en pareil cas, lui payer huit Matadors comme il les payeroit s'il pouvoit perdre avec un tel Jeu.

Enfin nous nous ſommes propoſé de rendre toutes les parties & toutes les conditions de ce Jeu telles qu'il n'en réſultât rien qui pût être jugé contraire à l'équité, & qu'en même-tems il fût aiſé à jouer & commode dans nos Sociétés.

Les règles d'un Jeu doivent être ſimples, intelligibles, préciſes, afin qu'elles ne donnent jamais lieu à des difficultés & à des queſtions embarraſſantes, nous oſons croire que nous ſommes parvenus à ce but.

Il faut, pour notre bonheur & notre tranquillité, que nous ſoyons continuellement diſtraits

& occupés par des amuſemens qui faſſent couler les jours & en banniſſent l'ennui. La diſſipation eſt auſſi utile & néceſſaire à notre exiſtence, à notre ſanté, à notre vie que l'exercice l'eſt pour entretenir la force & l'agilité de notre corps ; l'ennui devient ſouvent mortel à la longue pour les individus déſœuvrés, & il y a tant de gens qui n'ont rien à faire, ou qui ne ſçavent que faire & qui ne feroient rien ſans le Jeu, que c'eſt faire quelque choſe que de leur en donner un.

Au reſte, c'eſt ici l'enfant du loiſir ; c'eſt le produit de quelques heures priſes ſur celles deſtinées au délaſſement. Je donne ce Jeu pour ce qu'il vaut ſans aucune vue de prétention; s'il peut plaire & amuſer j'en ſerai flatté : ſi on ne le trouve pas digne d'être joué, je l'abandonne ſans regret à l'oubli, avec tous ceux qui ont eu le même ſort.

LE JEU DE CRESSENDO, OU LE PIÉMONTOIS.

CHAPITRE PREMIER.

Donnant une idée générale du Jeu de Cressendo.

1°. LE Jeu du *Cressendo* se joue à deux, à trois, à quatre & à cinq personnes ; cette faculté de pouvoir ainſi varier le nombre des Joueurs, doit rendre ce Jeu commode & agréable dans les Sociétés.

2°. Les cartes avec leſquelles on le joue ſont celles du Piquet, ſi on n'eſt que deux ou trois Joueurs, ou le Jeu entier de cinquante deux cartes ſi on eſt quatre ou cinq.

3°. Chaque Joueur ne doit avoir que huit cartes dans ſa main pour jouer; ainſi le coup ne peut être que de huit levées.

4°. Celui qui donne les cartes en délivre cependant dix à chacun, mais avant de jouer chacun en écarte deux.

5°. Les cartes ſe délivrent par une, deux, trois & quatre, ces quatre nombres font dix.

6°. Quand on n'eſt que deux Joueurs, il n'y a que vingt cartes de diſtribuées; il reſte un talon de douze cartes inconnues aux deux Joueurs, & comme chaque Joueur avant de jouer écarte deux des dix cartes qu'il a reçues, le montant des écarts eſt de quatre cartes.

7°. Quand on n'eſt que trois Joueurs, il n'y a que trente cartes de diſtribuées, le talon eſt de deux, & le montant en écarts eſt de ſix.

8°. Quand on eſt quatre Joueurs, il y a quarante cartes de diſtribuées, le talon eſt de douze, & le montant des écarts eſt de huit; en ôtant les deux & les trois, le talon n'eſt que de quatre.

9°. Enfin quand on eſt cinq Joueurs, il y a cinquante cartes de diſtribuées, le talon n'eſt que de deux, & le montant des écarts eſt de dix.

10°. Le talon ſe place toujours à la droite du Joueur qui vient de donner les cartes, & c'eſt à lui à ramaſſer à ſa gauche les cartes des écarts que chaque Joueur met d'abord ſur le milieu de la table.

11°. Il n'eſt permis à perſonne de regarder ni les cartes du talon, ni celles des écarts.

12°. L'ordre des cartes entr'elles eſt pour le Jeu du *Creſſendo* le même que pour le Piquet, & il eſt le même pour les quatre couleurs.

SÇAVOIR,

L'As eſt la premiere.
Le Roi, la ſeconde.
La Dame, la troiſieme.
Le Valet, la quatrieme.
Le Dix, la cinquieme.
Le Neuf, la ſixieme.
Le Huit, la ſeptieme.
Le Sept, la huitieme.
Le Six, la neuvieme.
Le Cinq, la dixieme,
Le Quatre, la onzieme.
Le Trois, la douzieme.
Le Deux, la treizieme & derniere.

13°. L'incertitude qui réſulte du talon & des écarts à l'égard des cartes répandues entre les Joueurs, introduit dans ce Jeu un nombre infini de combinaiſons & de ſuppoſitions qui animent & qui intéreſſent.

14°. Dans la plupart des autres Jeux, le coup eſt toujours de ſix levées, excepté ſeulement l'entrepriſe de la volle qui oblige à en faire dix: dans ce Jeu-ci il y a ſix ſortes de coups différens, ſçavoir, le coup de cinq levées qui eſt le moindre des coups, le coup de ſix levées, le coup de ſept levées, le coup de huit levées ſimples, le coup de la volle indiquée d'avance, ou d'emblée, & le coup de la volle entrepriſe ou tentée ſans avoir été annoncée avant de jouer, & lorſqu'on ne s'eſt engagé à faire que le coup de ſept levées au plus.

15°. Il y a en outre les demandes de préférence en favorite double, favorite triple & favorite quadruple, ce qui met dans ce Jeu une variété continuelle.

16°. C'eſt cette multitude de coups différens & qui vont en augmentant de prix & de nombre de levées les uns ſur les autres qui lui ont fait donner le nom de *Creſſendo*.

CHAPITRE II.

Des Ustensilles nécessaires pour être en état de jouer le Jeu de Cressendo.

17°. COMME ce Jeu est fait pour être joué à deux, à trois, à quatre & à cinq personnes, il faut avoir chez soi des tables à trois & à cinq pans ; il seroit encore plus commode d'en avoir de rondes ; autour d'une table de cette forme on peut se mettre en tel nombre que l'on veut, parce qu'il n'y a point de places marquées.

18°. Je désirerois que l'on eût pour les paiemens cinq bourses de jetons en yvoire, en écaille ou en argent, chacune desquelles contient dix jetons simples de la premiere des trois formes représentée ici, lesquels vau-

Fig. 1re

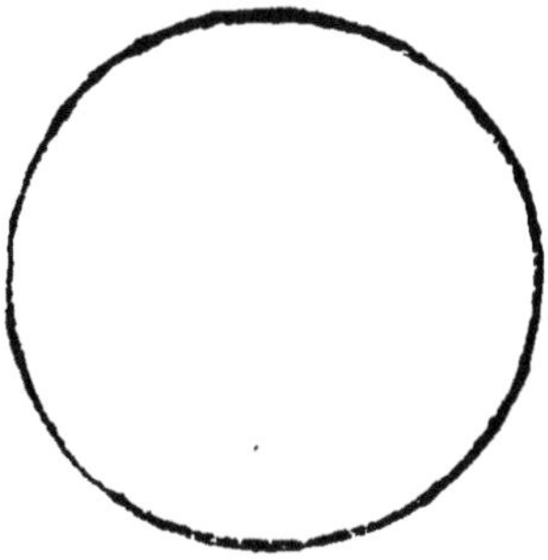

Fig. 2.

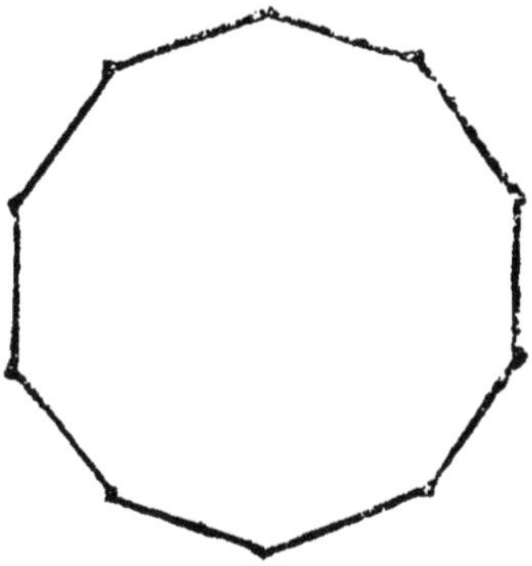

Fig. 3.

Fig. 4.

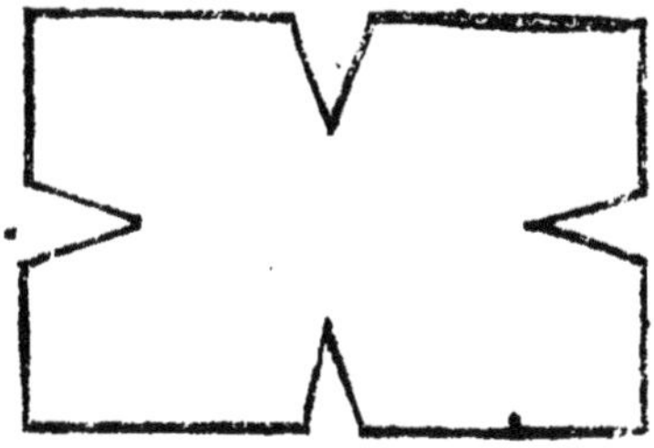

droient des unités ; dix jetons à dix pans, que nous appellerons *Piastrella*, ou palet faits comme l'indique la seconde figure, & chacun desquels vaudroit dix des jetons simples ; enfin dix autres jettons décagones conformes à la troisieme figure que nous nommerons *Corona* ou couronne, chacun desquels vaudroit dix *Piastrella* de la seconde figure, ou cent jetons simples de la premiere figure. Par ce moyen la bourse ou la reprise de chaque Joueur seroit en totalité de onze cens dix jetons simples, dont la valeur se trouvera en trente pièces.

19°. Nous avons imaginé de donner à ces jetons de différentes valeurs des formes différentes, tant par leur étendue que par leurs bords, pour que la main puisse sans peine les trouver dans la bourse, & pour que les Joueurs ne soient point exposés à les confondre en faisant leurs paiemens. Nous avons aussi préféré les formes que nous donnons ici à celle des fiches & des milles ou contrats, parce qu'elles nous ont paru plus commodes pour la main & pour être mifes dans une bourfe.

20°. Cependant fi l'on veut s'épargner la dépenfe de ces bourfes & de ces jetons, on pourra fe fervir pour ce Jeu des mêmes boîtes dont on fe fert pour les autres Jeux ; il faudra feulement en ce cas, fi l'on eft cinq Joueurs, faire abftraction des marques que les boîtes anciennes portent de carreau, pic, treffle & cœur, & confondre tous les contrats ou mille, & les fiches, comme fi rien n'étoit marqué, puis prendre chacun pour fa reprife, dix contrats & dix fiches avec dix jetons avant de commencer à jouer. On apperçoit aifément que la *Piaftrella* repréfente la fiche & qu'elle vaut dix jetons comme elle; de même on fent auffi que la *Corona* repréfente le contrat, & qu'elle vaut dix *Piaftrella* comme le contrat vaut dix fiches.

21°. Enfin il faut avoir une carte qui ne ſoit point du Jeu pour marquer les tours ; c'eſt ordinairement la fonction de celui qui donne les cartes le premier ; cependant lorſqu'il ne ſe fie pas aſſez à ſa mémoire, un autre Joueur peut ſe charger de marquer les tours pour lui chaque fois qu'il recommence à donner, il faut fendre ou déchirer cette carte par ſes quatre milieux, ce qui donne la facilité d'y faire douze cornes pour les douze tours dont une partie de ce Jeu eſt composé, deſquels douze tours les dix premiers ſe payent ſimples & les deux autres ſe payent doubles. La figure 4 repréſente cette carte étant coupée ou déchirée, pour commencer une partie.

CHAPITRE III.

Préparations à faire pour se disposer à jouer une partie de Cressendo.

22°. LE Maître de la maison, ou la personne qui se croit dans le cas de faire les honneurs pour lui, prend dans un des deux Jeux de cartes, autant de cartes successives, à commencer par l'As, qu'il y aura de Joueurs dans la partie qui va se faire ; il les présente en tenant les figures en-dessous, d'abord aux Dames, en commençant par celle qu'il juge la plus qualifiée ou la plus âgée, puis aux hommes, & chacun en prend une, c'est ce qui sert à régler les places que prendront les Joueurs ; celui qui a pris l'As se place le premier autour de la table à jouer, celui qui a pris le le Roi ſe place enſuite à la droite du premier, puis celui qui a pris la Dame, puis celui qui a pris le Valet, enfin celui qui a pris le Dix; enſorte que l'on ſoit trois, quatre ou cinq Joueurs, celui auquel la plus baſſe des cartes eſt tombée, doit ſe trouver placé à la gauche de celui qui a pris l'As.

23°. Si cependant on jugeoit à propos que perſonne ne fût dans le cas de ſe choiſir ſa place, & qu'on aimât mieux que le hazard ſeul en décidât, voici comment on pourroit procéder.

La perſonne faiſant les honneurs de la maiſon ou de la partie, ou le plus jeune de ceux qui doivent jouer enſemble, prendra dans un des Jeux, d'abord un As, un Roi & une Dame ſi l'on ne doit être que trois; il ajoutera un Valet ſi l'on doit être quatre, & un Dix ſi l'on doit être cinq; il placera ces cartes retournées, la figure en deſſous, chacune à une place différente autour de la table, après les avoir mêlées enſemble, pour que perſonne ne ſache à quel endroit ſe trouve l'As, le Roi, &c.; il prendra enſuite dans le même Jeu un pareil nombre de cartes de même dénomination, il les tiendra d'une main, la figure en deſſous, puis il les préſentera aux Joueurs qui en prendront chacun une; il retournera enſuite les autres cartes qu'il aura arrangées ſur la table, & chaque Joueur ſe mettra à la place où il verra la carte ſemblable à la ſienne.

24°. Quant au fait de connoître lequel des Joueurs donnera les cartes le premier, on peut convenir avant de tirer les places, que ce ſera celui qui aura l'As; ou bien, tout le monde étant placé autour de la table, un des Joueurs pourra prendre un des Jeux, le mêler, donner à couper à ſa gauche, puis en mettant une carte devant chacun, en commençant par ſa droite, déſigner pour celui qui donnera les cartes le premier, celui devant lequel ſe trouvera le premier As.

25°. Celui qui doit donner les cartes le premier étant connu, il doit mettre à côté de lui la carte deſtinée à marquer les tours ou prier quelqu'un de s'en charger pour lui; enſuite le Joueur qui eſt immédiatement à ſa gauche doit prendre un des Jeux de cartes, les mêler & les lui donner pour qu'il les mêle à ſon tour & donne à couper au même.

26°. N'oublions pas qu'avant que l'on commence à diſtribuer aucune des cartes on doit convenir du prix du jeton.

Il faut qu'un Joueur tâche de jouer toujours au même prix, c'eſt le moyen d'être le moins maltraité du hazard, qui ſouvent répare le lendemain la perte de la veille; mais s'il vous arrive de perdre aujourd'hui un grand nombre de jetons à un prix beaucoup plus fort que celui auquel vous jouez ordinairement, & que demain vous ne jouïez qu'à votre prix ordinaire, vous voyez qu'en gagnant autant de jetons que vous en aurez perdu la veille, vous ne ſerez pas rempli de la valeur de votre perte; c'eſt une attention que ne manquent guère d'avoir les Joueurs d'habitude.

28°. Tout ce que deſſus étant convenu & arrangé, celui que le hazard aura choiſi pour donner le premier les cartes, après avoir donné à couper au voiſin qui eſt à ſa gauche, les diſtribuera à chaque Joueur, en commençant par celui qui eſt à ſa droite & finiſſant par lui-même, il donnera d'abord à chacun une ſeule carte, enſuite deux, puis trois, enfin quatre, ce qui fera dix cartes pour chaque Joueur, puis il poſera ce qui lui reſtera de cartes dans la main ſur la table à côté de lui & à ſa droite, ces cartes reſtantes s'appellent le talon.

29°. Voyons maintenant quelles

règles les Joueurs ont à ſuivre pour jouer le premier coup de la partie.

CHAPITRE IV.

Règles principales du Jeu de Creſſendo.

30°. IL n'y a dans ce Jeu qu'une ſeule couleur ſimple, c'eſt le Carreau; les trois autres ſont favorites; ſçavoir, le Pic eſt la premiere favorite, le Trefle la ſeconde, & le Cœur la troiſieme, cela veut dire qu'à propoſition égale, le Joueur qui demandera à jouer en Pic ſera préféré à celui qui demandera en Carreau, celui qui demandera à jouer en Trefle le ſera à celui qui demandera en Pic, enfin celui qui demandera à jouer en Cœur, le ſera à celui qui demandera en Trefle.

31°. Les demandes en Pic ſe payent

le double des mêmes demandes faites en Carreau; celles en Trefle se payent le triple, & celles en Cœur se payent le quadruple.

32°. La demande la plus basse qui est de cinq levées, en Carreau, se paye un jeton par levée, ce qui fait cinq jetons à payer par personne à celle qui joue & gagne cette demande; la pareille demande de cinq levées, faite & gagnée en Pic, se payera deux jetons par levée, ou dix jetons en tout par personne; la pareille demande de cinq levées, faite & gagnée en Trefle, se payera trois jetons par levée, ou quinze jettons en tout par personne; enfin la pareille demande de cinq levées, faite & gagnée en Cœur, se payera quatre jetons par levée, ou vingt jetons en tout par personne; c'est dans cette proportion que doivent être faits les paiemens de toutes les demandes différentes qui peuvent se présenter à ce Jeu; il nous suffira donc d'exposer ici de quelle maniere ſeront payés tous les coups qui ſe feront dans la couleur ſimple du Carreau, les paiemens des autres couleurs n'étant que des multiples des paiemens de la couleur ſimple ſeront faciles à déterminer.

De la Demande de cinq Levées en Carreau.

33°. Les cartes étant délivrées, chaque Joueur en écartera deux des dix qu'on lui a données & les mettra ſur le milieu de la table, leur couleur en deſſous; mais le premier en carte n'écartera les deux ſiennes qu'après tous les autres; parce que ſi tous paſſoient il ſeroit forcé de jouer au moins pour cinq levées, & pour l'aider dans cette circonſtance où il ne joue que malgré lui; il lui ſera permis de prendre avant d'écarter, les deux premieres cartes du deſſus du talon pour les joindre aux dix cartes qu'il a déja en main; ce qui fait douze, deſquels il en écarte enſuite quatre avant de former ſa demande & de nommer la couleur qu'il fait Triomphe.

34°. On voit par-là que le premier en carte eſt le maître de demander le premier s'il a jeu, ou de paſſer comme premier s'il aime mieux ne jouer que comme forcé. S'il veut jouir de ce droit qu'il a ſeul ; c'eſt au ſecond à demander ou à paſſer & ainſi de ſuite.

35°. La moindre des demandes qu'on puiſſe faire à ce Jeu, eſt celle de dire je demande en Carreau, en s'engageant ſimplement à faire cinq levées ſeul ; la couleur Carreau étant Triomphe.

36°. Dans ce cas celui qui eſt le premier en carte, ou celui qui devient le premier, ceux qui le précédent ayant paſſé, doit dire, je demande en Carreau pour cinq, ou ſimplement Carreau pour cinq.

37°. Si tous les Joueurs d'après lui paſſent, il faut avant de jouer qu'il mette ſur la table devant lui cinq jetons pour ſervir de preuve du nombre de levées qu'il s'eſt engagé à faire, & pour éviter les conteſtations qui pourroient s'élever ſur le nombre exact de levées qu'il faut en effet qu'il faſſe pour gagner, puis il joue le premier la premiere carte.

A ce Jeu-ci, c'eſt le Joueur dont la demande eſt admiſe qui joue le premier, le premier en carte n'a pas ce droit comme il l'a dans la plupart des autres Jeux; ici la primauté n'a lieu que pour l'ordre des demandes.

38°. Si le Joueur dont la demande eſt admiſe fait cinq levées, il gagne, & alors, 1°. il prendra les cinq jetons qu'il aura mis devant lui ſur la table avant de jouer; 2°. chacun des autres Joueurs lui payera cinq jetons; 3°. plus, autant de jetons en outre qu'il avoit de Matadors en main.

39°. Mais s'il ne fait que quatre levées au lieu de cinq qu'il s'étoit obligé de faire par ſa demande admise, il perd; & pour le paiement de sa Bête, 1°. il pousse en avant au milieu de la table les cinq jetons qu'il avoit mis devant lui avant de jouer; 2°. il paye à chacun des Joueurs les cinq jetons qu'il auroit reçu d'eux s'il eût gagné; 3°. il y ajoute autant de jetons qu'il avoit de Matadors.

40°. S'il fait moins de quatre levées, cela s'appelle *Strombolare*, ce qui veut dire en françois faire la culbute, pourquoi il pousse de même au milieu de-la table les cinq jetons qu'il avoit mis devant lui avant de jouer, puis il paye à chaque Joueur les mêmes cinq jetons qu'il en auroit reçu s'il eût gagné, plus autant de jetons en outre qu'il a fait de levées de moins des cinq qu'il s'étoit engagé à faire, ensorte que s'il ne fait que trois levées (par exemple), il payera deux jetons à chacun des Joueurs au par-delà des cinq jetons du coup, enfin il leur payera autant de jetons qu'il avoit de Matadors en main.

41°. Si cependant c'eſt le premier en carte qui a joué comme forcé, & qu'il n'ait joué que pour cinq levées, il ne ſera pas dans le cas de payer le *Strombolare*; mais ſi aidé des deux cartes du talon, il a riſqué de jouer pour plus de cinq levées, & qu'il perde, il s'eſt mis dans tous les cas du Joueur non forcé.

42°. Quand le Joueur admis à jouer en commençant, ou étant redevenu en main, joue une des Triomphes, il oblige par-là les autres Joueurs à fournir la plus haute des Triomphes qu'ils ont dans la main, toutefois au-deſſous de la ſienne, car s'ils en ont qui ſoient au-deſſus de celle qu'il a jouée, ils ſont les maîtres de prendre ou de ne pas prendre s'ils ont une autre Triomphe à fournir, mais ils ſont forcés de prendre s'ils n'en ont point d'inférieure à mettre.

43°. Par exemple, ſi le Joueur admis joue l'As de Triomphe, ceux qui ont le Roi, la Dame, le Valet, &c. ſont obligés de les fournir quoiqu'ils aient des Triomphes plus baſſes.

44°. Si le Joueur admis joue le Valet de Triomphe, ceux qui ont le Dix, le Neuf, &c. ſont obligés de les fournir, à moins qu'ils ne couvrent le Valet par une Triomphe ſupérieure s'ils l'ont en même-tems; ſi au lieu de prendre ils fourniſſent une de leurs Triomphes inférieure à celle jouée par le Joueur admis, il faut qu'ils donnent la plus haute de ces Triomphes inférieure.

45°. Mais ce privilege de faire tomber ainſi les Triomphes les plus hautes par préférence aux baſſes, n'appartient qu'au ſeul Joueur dont la demande eſt admiſe; toutes les fois que les autres Joueurs ayant à jouer les premiers, jouent une de leurs Triomphes, les autres Joueurs, ainſi que celui dont la demande eſt admiſe, ne ſont point obligés de fournir leurs Triomphes les plus fortes au lieu des petites, mais s'ils ont une Triomphe plus haute que celle qui est jouée, ou que celle dont elle a été couverte, ils sont obligés de la mettre pour prendre, ce qui, en terme de Jeu, s'appelle forcer.

46°. Dans les trois couleurs qui ne sont point Triomphes, le Joueur admis n'a pas le même privilege que dans la couleur qu'il a rendue Triomphe, ces trois couleurs se jouent simplement comme on les joue dans les autres petits Jeux; les cartes les plus hautes étant jouées ne forcent point les plus hautes de celles qu'on a en main, il est permis de fournir les plus basses quand on n'en a que d'inférieures à celles qui sont sur la table, mais on est obligé de forcer à son tour, c'est-à-dire qu'il faut couvrir d'une carte plus haute de la même couleur, si on l'a, à moins que quelqu'un n'ait coupé.

47°. Lorsqu'on n'a point en main de cartes à fournir d'une des trois couleurs qui ne ſont point Triomphes, & qu'on a des Triomphes, il faut couper avec une de ces Triomphes, & les Joueurs ſuivans ſont obligés de ſurcouper s'ils ſont en état de le faire, & s'ils n'ont pas non plus en main des cartes de la couleur jouée.

48°. On ne peut renoncer, c'eſt-à-dire fournir une carte d'une couleur différente de celle qui eſt jouée que quand on n'a ni de cette couleur, ni de Triomphe plus haute que celle par laquelle le Joueur précédent a coupé, ne pouvant ſurcouper, on ſe défait d'une de ſes autres baſſes cartes, cela veut dire qu'on n'eſt point obligé de ſous-couper.

Des Matadors.

49°. Il n'y a dans ce Jeu aucune carte de prédilection & qui ſoit Triomphe par elle-même, c'eſt le Joueur qui eſt admis à jouer ſa demande, qui, en nommant la couleur dans laquelle il joue, rend Triomphes toutes les cartes de cette couleur; ainsi quand on joue en Carreau, toutes les cartes de Carreau sont Triomphes, si on joue en Pic, ce sont toutes les cartes de Pic qui sont Triomphes, & ainsi du Trefle & du Cœur.

50°. L'As est toujours la premiere Triomphe, le Roi la seconde, la Dame la troisieme, le Valet la quatrieme, le Dix la cinquieme, & ainsi de suite, jusque & compris le Deux qui est la treizieme & derniere Triomphe.

51°. Toutes les Triomphes qui se suivent sans interruption, à compter de l'As compris, & qui se trouvent dans la main d'un seul Joueur admis à jouer, sont autant de *Matadors*; mais comme on ne peut avoir que huit cartes, il s'ensuit qu'il n'y a que huit Matadors, & qu'ainsi le Six, le Cinq, le Quatre, le Trois & le Deux ne peuvent jamais l'être.

52°. Chaque *Matador* se paye un

jeton ſeulement dans chaque couleur que l'on joue, & quelque demande qu'on gagne ou qu'on perde, pourvu toutefois qu'on en ait au moins trois, ſçavoir, l'As, le Roi & la Dame; le Joueur qui gagne les reçoit de tous les autres, comme il les paye auſſi à tous s'il perd ; on ſent aſſez que s'il avoit en main l'As, le Roi, la Dame, le Valet, le Neuf, le Huit, &c. il ne doit lui être compté que quatre Matadors, le Dix qui lui manquoit ayant interrompu la ſuite des Triomphes.

Des Bêtes.

53°. Le paiement des Bêtes en ce Jeu ſe fait par la perte du nombre des jetons qu'on avoit mis devant ſoi pour ſervir de preuve du nombre des levées qu'on s'étoit obligé de faire par ſa demande admiſe; nous avons dit que le Joueur qui perd ſa demande, pouſſe ces jetons au milieu de la table ; il nous reſtoit à dire qu'ils tourneront le coup ſuivant au profit du Joueur qui fera la premiere levée contre le Joueur admis à jouer, avant que celui-ci ait completté le nombre des levées qu'il s'eſt obligé à faire par ſa demande.

54°. Si ce coup-là perſonne ne fait de levées contre le Joueur admis, ces jetons reſteront ſur la table & on y joindra ceux des autres Bêtes qui pourront être faites enſuite, & le tout ſera pris par le premier des Joueurs qui enfin fera une premiere levée contre un Joueur admis à jouer.

55°. Comme le montant de plusieurs Bêtes ainſi accumulées ne peut jamais tourner au profit d'un Joueur dont la demande eſt admiſe, il s'enſuit que les Bêtes faites après d'autres Bêtes ne peuvent être augmentées à raiſon des précédentes, elles ne feront jamais, comme nous l'avons dit, que du nombre de jetons qu'un Joueur admis à jouer mettra devant lui pour déſigner le nombre des levées auquel il se sera obligé par sa demande, ainsi il n'y aura jamais d'embarras ni pour leur valeur, ni pour leur paiement.

56°. Si à la fin du dernier tour le Joueur admis perd le coup, on ne marque plus ; mais la main suit comme de coutume, & on joue toujours au prix des tours doublés jusqu'à ce qu'on finisse par un coup gagné.

57°. S'il se trouve au dernier coup sur le tapis des jetons produits par une ou plusieurs Bêtes précédentes, & qu'à ce dernier coup personne n'ait fait de levées contre le Joueur admis à jouer cette derniere fois, ces jetons seront au profit de ce dernier Jouant.

De la Demande des six Levées en Carreau.

58°. Si un Joueur premier en carte ou devenu comme premier, ceux qui le précédent ayant passé, demande en Carreau pour cinq, un des Joueurs d'après lui peut enchérir, en demandant pour ſix ou pour plus, en la même couleur de Carreau, & celui-ci ſera préféré, à moins que le premier ne s'engage à faire le même nombre de levées que propoſe l'Enchériſſeur; celui des deux en faveur duquel la demande en ſix levées ſera admiſe, mettra devant lui ſix jetons ſur la table, & jouera le premier (nous l'avons dit) comme s'il étoit premier en carte; s'il gagne, il reprendra les ſix jetons qu'il aura mis devant lui pour jouer, & il lui ſera payé ſix jetons par chaque Joueur; s'il a des *Matadors* on les lui payera un jeton chacune.

59°. S'il ne fait que cinq levées il perd, & pour ſa Bête il pouſſe en avant ſur le milieu de la table les ſix jetons qu'il avoit mis devant lui avant de jouer, & paye à chacun des Joueurs les ſix jetons qu'il auroit reçu d'eux s'il eût gagné; s'il avoit des Matadors, il paye en outre pour chacune un jeton à chaque Joueur.

60°. S'il fait moins de cinq levées, cela s'appelle *Strombolare* ou faire la culbute ; alors il pouſſe pareillement au milieu de la table les ſix jetons qu'il avoit mis devant lui avant de jouer, puis il paye à chaque Joueur les ſix jetons du coup, les Matadors s'il en avoit, & de plus autant de jetons qu'il lui manque de levées des ſix qu'il s'étoit obligé de faire.

De la Demande des ſept Levées en Carreau.

61°. Le Joueur admis à jouer pour ſept levées en Carreau, mettra devant lui ſept jetons & jouera le premier; s'il gagne, il retirera ſes ſept jetons de devant lui, & chaque Joueur lui payera ſept jetons pour le coup, plus autant de jetons qu'il aura eu de Matadors en main.

62°. S'il ne fait que ſix levées il perd, & pour ſa Bête il pouſſe en avant ſur le milieu de la table les ſept jetons qu'il a mis devant lui avant de jouer, & paye à chaque Joueur les ſept jetons qu'il auroit reçu d'eux s'il eût gagné, plus autant de jetons qu'il avoit de *Matadors*.

63°. S'il fait moins de ſix levées, c'eſt *Strombolare*; pour cela il pouſſe pareillement en avant au milieu de la table les ſept jetons qu'il avoit mis devant lui avant de jouer; plus il paye auſſi ſept jetons pour le coup à chaque Joueur, puis les *Matadors* s'il en avoit, enfin il leur paye encore à chacun autant de jetons qu'il lui manque de levées des ſept qu'il s'étoit obligé de faire.

De la Demande des huit Levées en Carreau, qui n'eſt pas conſidérée comme Volle.

64°. Un Joueur qui n'a pas dans

ſon Jeu de quoi faire huit levées aſſurées, mais qui peut eſpérer de les faire par quelques circonſtances favorables, ne voulant pas cependant riſquer de s'expoſer à la cherté du coup de la volle, peut demander pour huit levées ſimplement, & alors s'il gagne, il retire, 1°. les huit jetons qu'il aura mis devant lui pour marquer le nombre des levées du coup; 2°. chacun des autres Joueurs lui payera huit jetons pour le coup, plus autant d'autres jetons qu'il aura eu de Matadors en main.

65°. S'il ne fait que ſept levées, il pouſſera en avant ſur le milieu de la table les huit jetons qu'il aura mis devant lui avant de jouer, plus il payera à chaque Joueur les trois jetons du coup & ceux des Matadors qu'il avoit.

66°. S'il perd *Strombolare*, c'eſt-à-dire s'il fait moins de ſept levées il pouſſera pareillement en avant les huit jetons qu'il aura mis devant lui avant de jouer, plus, il payera comme deſſus les huit jetons du coup avec ceux des Matadors s'il en avoit, enfin il ajoutera autant de jetons qu'il lui manque de levées des huit qu'il s'étoit obligé de faire.

De la Volle en Carreau.

Il y a la grande & la petite Volle.

De la petite Volle ou Volle tentée.

67°. Le Joueur qui n'a demandé que pour huit levées ſimplement, ne fait point ce qui s'appelle la volle en gagnant ce coup, & on vient de voir qu'en ce cas il n'eſt payé que ſimplement comme dans tous les coups précédens; mais ſi un Joueur qui n'a formé que l'une des autres demandes précédentes de cinq, ſix & ſept levées, parvient à faire la volle, il lui ſera payé d'abord le prix de ſa demande conformément à ce qui en eſt établi ci-devant, & en outre chaque Joueur lui donnera pour le paiement de cette volle deux *Piaſtrella* ou deux fiches.

68°. Si le Joueur qui a été admis à jouer la demande de ſept levées en Carreau, joue ſa huitieme carte, il a entrepris la volle; s'il l'a fait, on la lui paye comme nous venons de le dire; s'il l'a manque, il doit à chaque Joueur deux *Piaſtrella*, ſur la valeur deſquelles on déduit ce qui lui revient de ſa demande gagnée.

69°. En général, le Joueur admis eſt cenſé avoir entrepris la volle dès le moment qu'il joue une carte au-delà du nombre de levées qu'il falloit qu'il fît, & qu'il a faites pour remplir l'engagement de ſa demande admiſe.

De la grande Volle en Carreau.

70°. La grande volle eſt celle qu'on annonce d'emblée avant de jouer! Dans ce cas, le Joueur qui ſe croit en état de la faire, dit ſimplement

la

la volle, & attend pour nommer la couleur que tous les Joueurs d'après lui aient passé ; car en ce Jeu il est possible que plusieurs Joueurs aient en main de quoi faire la volle dans le même coup en différentes couleurs; alors si personne n'a demandé à faire aussi la volle d'emblée en une des couleurs favorites, préférable à celle dans laquelle il veut jouer, il nomme sa couleur, met devant lui huit jetons, qui signifient qu'il s'est obligé à faire les huit levées & joue.

71°. S'il fait la volle en effet, il retire de devant lui les huit jetons qu'il y avoit mis, & reçoit de chacun des autres Joueurs une *Couronne* ou dix fiches, on lui paye les Matadors en outre sur le pied d'un jeton chacune, comme à l'ordinaire; ainsi ce coup qui est le plus fort de tous est d'une Couronne par Joueur, en Carreau, de deux Couronnes en Pic, de trois Couronnes en Trefle & de quatre

Couronnes en Cœur, non compris le paiement des *Matadors*.

72°. S'il perd, il paye à chacun des Joueurs les mêmes ſommes qu'il auroit reçu d'eux en gagnant, & pouſſe en avant les huit jetons qu'il avoit mis devant lui avant de jouer; le *Strombolare* ne s'applique point à ce coup.

FIN.

Lû & approuvé, ce 14 Août 1774.

MARIN.

Vu l'Approbation, permis d'imprimer ce 14 *Août* 1774.

DE SARTINE.

www.ingramcontent.com/pod-product-compliance
Ingram Content Group UK Ltd.
Pitfield, Milton Keynes, MK11 3LW, UK
UKHW021511260726
13993UKWH00004B/1635

9 782329 597614